À l'aventure !

Voici quelques-uns des grands explorateurs qui ont marqué l'Histoire.

Christophe Colomb découvre l'**Amérique** et les Antilles en 1492.

En 1522, **Magellan** fait le premier **tour du monde** en bateau. Il traverse l'Atlantique, puis le Pacifique !

De 1769 à 1779, **James Cook** découvre la **Nouvelle-Zélande** et de nombreuses îles du Pacifique. Il est aussi le premier à poser le pied en Antarctique.

En 1911, le Norvégien **Roald Amundsen** est le premier à atteindre le **pôle Sud**.

En 1934, **Paul-Émile Victor** explore le **Groenland** et séjourne chez les Inuits.

Jean-Louis Étienne est le premier à atteindre le **pôle Nord** à pied en 1986. Puis il réussit la traversée de l'Antarctique en 1990.

Et les filles alors ?

Elles n'avaient pas le droit d'explorer le monde avant.

La botaniste **Jeanne Barré**, la première femme à faire le tour du monde en 1768, a dû se déguiser en garçon pour monter sur le navire !

Pourquoi on ne peut pas aller au centre de la Terre ?

La Terre en colère

Ce qui se passe à l'intérieur se voit à l'extérieur !

La **lave** que crachent les volcans vient du magma qui remonte vers la surface.

Parfois, elle a du mal à sortir et fait tout **exploser** : le volcan crache alors des **cendres** et des **cailloux** brûlants.

À certains endroits de la planète, il y a des **geysers** : c'est l'eau, chauffée dans les profondeurs, qui bout et jaillit à la surface !

On trouve aussi des **sources chaudes** : quand l'eau n'est pas trop brûlante, on peut se baigner dedans !

Quand deux plaques terrestres s'entrechoquent ou se frottent, la terre se met à trembler. C'est un **séisme**.

Si la terre tremble très fort sous la mer, elle crée une énorme vague qui déferle sur la côte : le **tsunami** !

Comment les montagnes se sont posées sur la Terre ?

Elle a quel âge, la Terre ?

Petite histoire de la vie sur Terre

La vie est apparue sur notre planète il y a un peu plus de 3,5 milliards d'années !

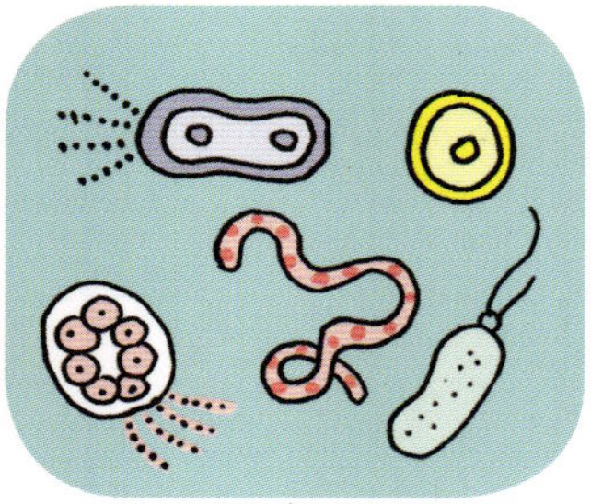

Elle est née tout au fond des océans, sous forme de **créatures microscopiques** bizarres et d'algues bleues.

Puis de premiers animaux tout mous, sans coquille ni squelette, sont apparus : vers, méduses...

Peu à peu, la mer s'est remplie de **vie** : coraux, coquillages, drôles de poissons, crustacés.

Des **mousses**, des plantes ont envahi la terre déserte. Des **crustacés** sont sortis de l'eau pour se transformer en insectes rampants.

Un jour, un **poisson** a voulu aller grignoter des plantes au bord de l'eau : il s'est hissé à l'air libre avec ses nageoires.

Au fil du temps, le poisson **s'est transformé** en lézard, le lézard en dinosaure... Toutes sortes d'animaux ont peuplé la Terre.

Et longtemps après, un singe est descendu de son arbre et s'est redressé sur ses pattes. L'**homme** allait bientôt apparaître !

Qui a découvert la Terre ?

En montagne

Plus on monte haut en montagne, plus l'air devient **froid** : il faut bien se couvrir !

En haut, il fait si froid que, même en été, la neige ne fond pas. Elle forme un capuchon de **neiges éternelles** !

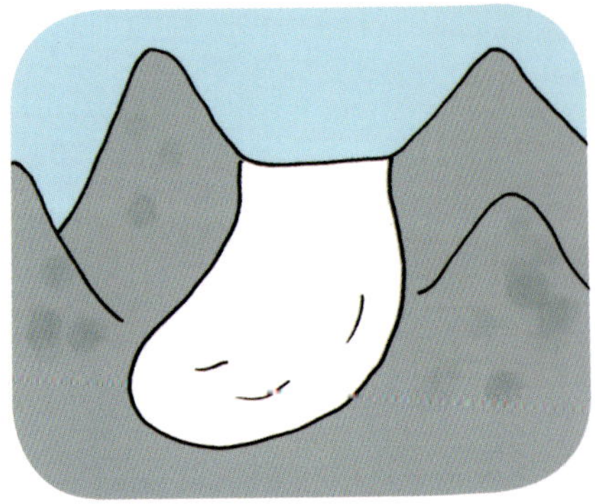

Entre les versants de deux sommets, la neige se tasse, durcit et se transforme en un fleuve de glace : **le glacier**.

On rencontre des animaux **adaptés au froid** ou très agiles : chamois, marmottes, aigles... ou même ours.

Les plantes sont différentes. Les sapins, dont les feuilles sont transformées en aiguilles, savent **résister** au froid.

Plus haut, il n'y a plus d'arbres. Seules de petites **plantes basses** arrivent à pousser : comme les myrtilles !

Le plus haut sommet du monde est l'**Éverest**, dans la chaîne de l'Himalaya, en Asie. Il culmine à l'altitude où volent les avions.

Pourquoi c'est salé, la mer ?

Le grand voyage de l'eau

L'eau sur Terre n'arrête pas de se déplacer et de se transformer...

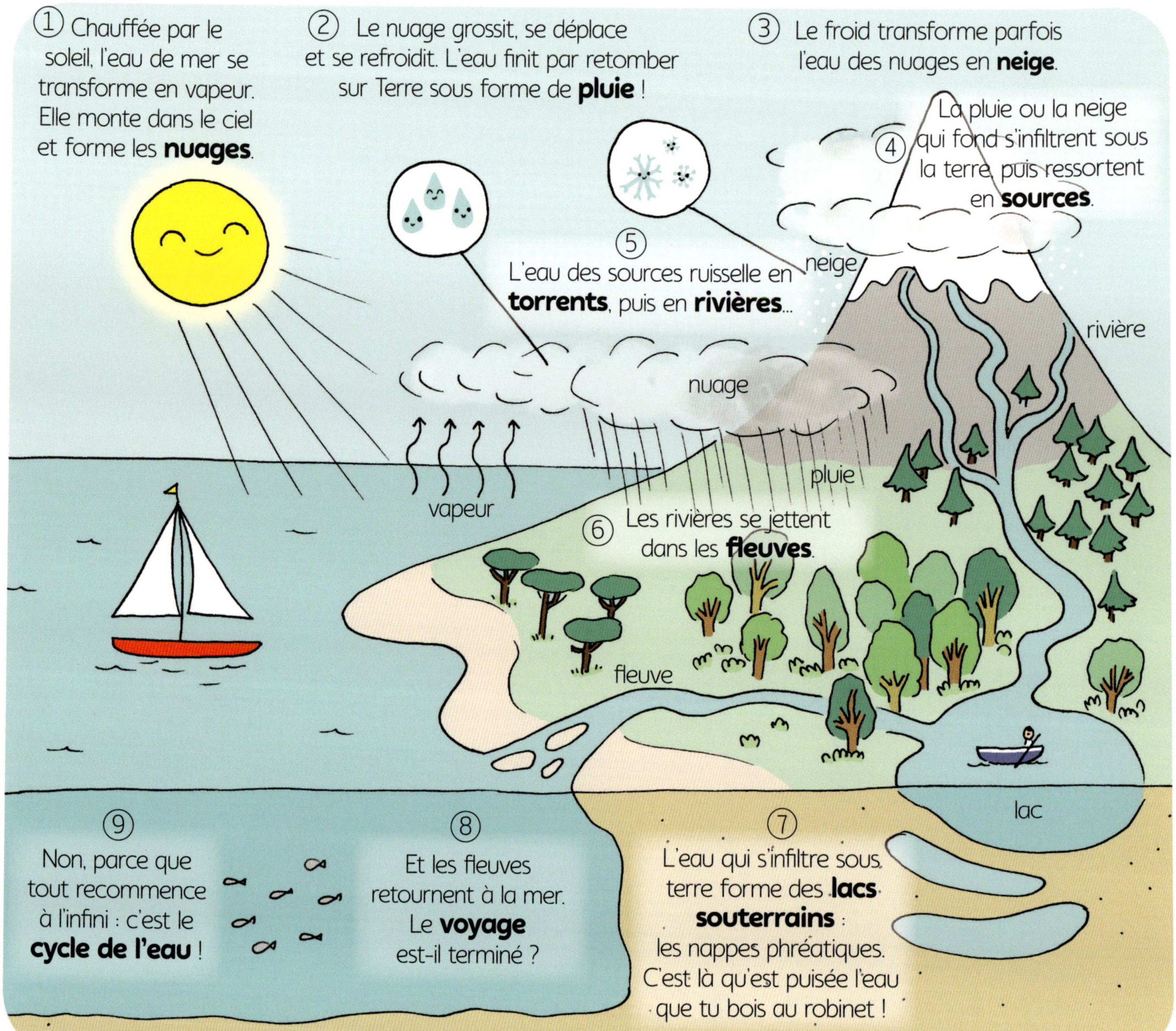

Qui fait souffler le vent ?

Ça souffle !

Le **mistral** et la **tramontane** sont des vents froids venus du nord qui soufflent souvent dans le sud de la France.

Le **sirocco**, lui, est un vent chaud venu du Sahara, en Afrique. Il transporte des grains de sable !

Le **blizzard** est un vent glacé venu du pôle Nord, souvent chargé de neige.

En Asie, deux fois par an, le vent venu de l'océan Indien amène la pluie : c'est la **mousson**.

Dans un **nuage d'orage**, le vent souffle en tourbillons. Il agite les gouttelettes du nuage, qui se frottent et deviennent électriques : crac, des **éclairs** !

Au-dessus des mers chaudes de la Terre, à la fin de l'été, des nuages d'orage monstrueux se forment : on les appelle **cyclones**, **typhons** ou **ouragans**. Le vent y est terrible !

Au-dessus des terres, l'air chaud et l'air froid peuvent aussi se bagarrer en tourbillons : c'est une **tornade** qui aspire tout ce qu'elle touche !

Pourquoi les ours blancs vivent au pôle Nord ?

À chacun son milieu

Selon l'endroit où l'on vit sur Terre, le soleil chauffe plus ou moins fort. Le climat, les plantes et les animaux qui y vivent sont différents.

Le long de l'équateur, les rayons du soleil tombent tout droit. Il fait chaud toute l'année et il pleut souvent. C'est la **jungle**, pleine de vie !

De chaque côté de l'équateur, il y a les tropiques. Le soleil tape fort et il y a deux saisons : une sèche, une humide. C'est là que s'étendent les **savanes**.

Après les tropiques, il y a deux bandes tout le long de la Terre, où il fait très sec. C'est là que se trouvent les déserts de la planète, comme le **Sahara**.

À mi-distance entre l'équateur et les pôles, le climat est **tempéré**. Il fait ni trop chaud ni trop froid et il y a quatre saisons dans l'année. C'est là que nous vivons !

Près du pôle Nord, l'hiver est long et glacial, l'été court et frais. C'est la **toundra**.

Au pôle Sud, la terre est **gelée**, la mer glaciale. Les plantes et les animaux sont rares.

Pourquoi il y a plein de sable sur la plage ?

Des paysages extraordinaires

L'eau, la pluie, le vent, le gel et la chaleur grignotent et usent les pierres. C'est ce qu'on appelle l'érosion ! Elle transforme les paysages au fil du temps.

Les **montagnes anciennes** s'arrondissent et finissent par rapetisser.

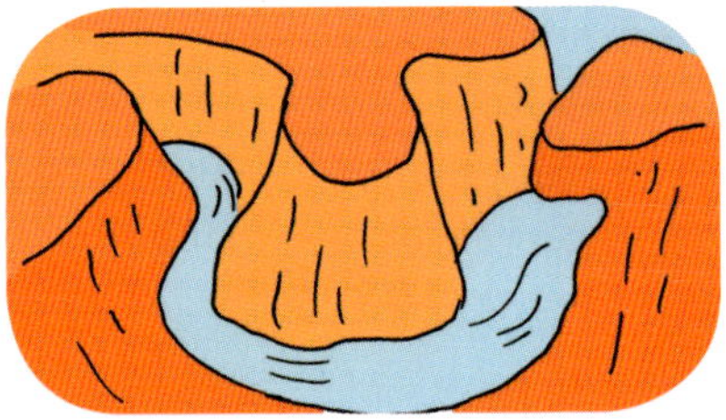

Les rivières creusent des **gorges** étroites ou des **canyons** à force de couler au même endroit.

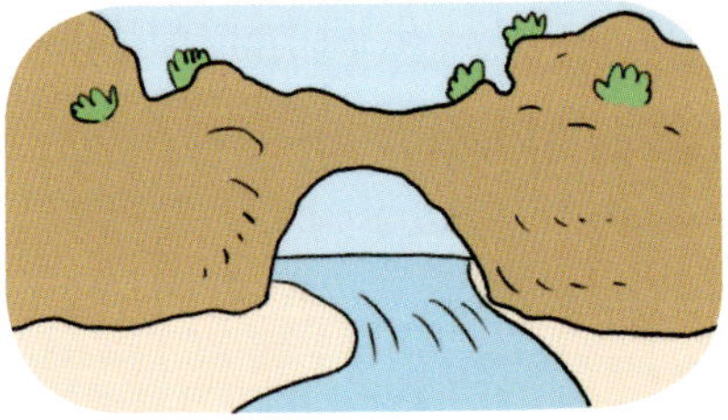

Parfois, elles sculptent des **arches** dans la pierre !

La mer aussi sculpte des arches.

Le vent use les roches du désert, les transforme en **sable**.

Il sculpte des **vagues** dans les parois de certaines montagnes : c'est beau !

La pluie, le vent, le gel ou la chaleur qui font éclater la roche créent parfois des **formes bizarres** !

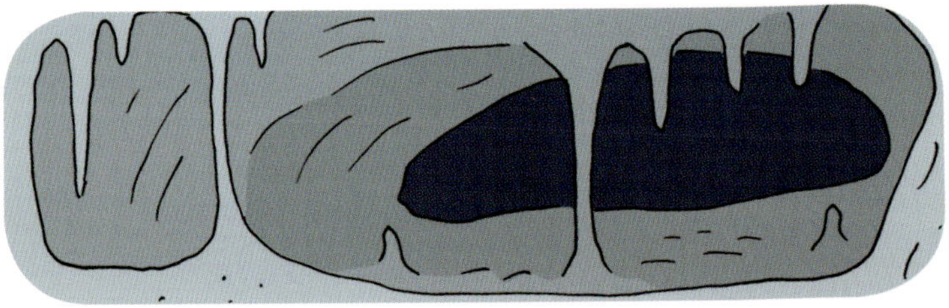

En s'infiltrant sous terre, l'eau grignote la roche et donne naissance à des **grottes féeriques** !

Est-ce qu'on trouve les sapins de Noël dans les forêts ?

Sauvons les forêts !

Sur la table du petit déjeuner, tu as peut-être un pot de pâte à tartiner qui contient de l'**huile de palme**.

On en trouve aussi dans des biscuits apéritif, des céréales, des crèmes dessert et même des bonbons...

L'huile de palme est produite par la **noix** d'un palmier cultivé dans les régions tropicales.

Pour planter ces palmiers, on a brûlé et **détruit** de grandes portions de jungle sauvage.

Plein d'animaux ont **perdu** leur maison. Des fleurs très belles et rares sont parties en fumée.

Les jungles fabriquent de l'**oxygène**, rendent l'air humide et moins pollué. Sans elles, on respire moins bien et il fait plus chaud sur Terre.

Elles bloquent les **inondations**. Sans elles, quand les rivières débordent, des fleuves de boue se déversent sur les villages.

Le sol qui n'est plus protégé par la jungle **s'appauvrit** vite. Il faut mettre plein de produits chimiques pour aider les palmiers à pousser.

Tu peux faire quelque chose pour protéger les jungles, si précieuses pour la Terre : dire **non** aux produits qui contiennent de l'huile de palme !

C'est vrai qu'un jour, il n'y aura plus d'abeilles sur la Terre ?

Les métiers de la Terre

Fille ou garçon, l'aventure t'attend !

Le **géologue** étudie les roches de la Terre. Il voyage partout à la recherche de cailloux.

La **paléontologue** fouille la terre en quête de fossiles d'animaux ou de plantes du passé.

Le **vulcanologue** étudie les volcans. Il s'approche au plus près des cratères !

La **sismologue** essaye de prévoir et de comprendre les tremblements de terre.

Le **spéléologue** descend dans les entrailles de la Terre, plonge dans les rivières souterraines...

L'**alpiniste** explore et escalade les montagnes.

Le **botaniste** parcourt la Terre à la recherche de nouvelles espèces de plantes.

La **zoologiste** étudie les animaux sauvages, en vivant parfois avec eux.

L'**océanologue** plonge au fond des océans pour les parcourir.

La **climatologue** cherche à prévoir et mieux comprendre l'histoire du climat.

Retrouve dans l'image

Où vivent les ours polaires ? Et les manchots ? Où est l'Amérique ?

Comment moi, je peux aider la Terre ?

Si tout le monde fait ces petits gestes, ça ira déjà mieux !

Mange des fruits de **saison.** Chez nous, les fraises et le raisin ne poussent pas en hiver !

Utilise les feuilles des **deux côtés**. Le papier est fabriqué à partir du bois des arbres.

Ne laisse pas les lumières **allumées** pour rien. Fabriquer l'électricité pollue la planète.

Ne **gaspille** pas l'eau en faisant couler le robinet sans raison !

Ne **jette** pas tes détritus n'importe où !

Aide tes parents à **trier** les déchets : cela permet de les recycler.

Pour un petit trajet, il vaut mieux **marcher** que réclamer la voiture.

Utilise **moins** de plastique. C'est un poison pour la planète.

Installe un **nichoir** à oiseaux dans ton jardin pour les aider !

Cultive une **jardinière** sur le bord de ta fenêtre. Les abeilles la butineront !

Participe à des **missions nettoyage** près de chez toi : tu te feras des copains !

Est-ce qu'il y a des endroits qu'on ne connaît pas encore sur la Terre ?

Direction de la publication : Sophie Chanourdie

Édition : Marie-Claude Avignon

Responsable artistique : Guillaume Dupont

Conception graphique couverture : Bénédicte Lakhal

Mise en pages : Sylvie Fécamp

Illustrations de couverture : Candela Ferrandez

Fabrication : Ombeline Canaud

21, rue du Montparnasse
75006 Paris

ISBN : 978-2-03-597451-8
Photogravure : IGS
Imprimé en Chine
Dépôt légal : mars 2020
324487-01 / 11042212 – octobre 2019

ù est le Sahara le plus grand désert du monde ? Et où habites-tu, toi ?

SOMMAIRE

EXPLIQUE-MOI...

Pourquoi on ne peut pas aller au centre de la Terre ?

Auteur : Emmanuelle Kecir-Lepetit
Illustratrice : Candela Ferrandez

ET PLEIN DE QUESTIONS SUR LA PLANÈTE TERRE

Larousse Jeunesse